Ich

Ich heiße: ______________________

Mein Vorname: ______________________

Mein Nachname: ______________________

Meine Adresse: Straße: ______________________

Ort: ______________________

Meine Telefonnummer: ______________________

Mein Geburtstag: ______________________

Wie heißt du?	Ich heiße ...
Wie ist dein Vorname?	Mein Vorname ist ...
Wie ist dein Nachname?	Mein Nachname ist ...
Wo wohnst du?	Ich wohne in der ... in ...
Wie ist deine Telefonnummer?	Meine Telefonnummer ist ...
Wann hast du Geburtstag?	Ich habe am ... Geburtstag.

Bilde jetzt selber Sätze.
Schreibe sie in dein Heft.

Ich heiße ...
Mein Vorname ist ...
Mein Nachname ist ...
Ich wohne in der ... (Straße) in ... (Ort)
Meine Telefonnummer ist ...
Ich habe am ... Geburtstag.

LERNWÖRTER:

der Vorname, der Nachname, der Geburtstag, der Ort,
die Adresse, die Telefonnummer, die Straße
heißen, wohnen ich, du ... → Seite 30

Meine Familie

➜ Findefix Seite 265

Ich habe einen/keinen Vater. Er heißt ______________________________.

Ich habe eine/keine Mutter. Sie heißt ______________________________.

Ich habe eine Schwester/ keine Schwester. Sie heißt ______________________________.

Ich habe ______ Schwestern. Sie heißen ______________________________.

Ich habe einen Bruder/keinen Bruder. Er heißt ______________________________.

Ich habe ______ Brüder. Sie heißen ______________________________.

Zu meiner Familie gehören auch noch ______________________________.

Hast du einen …	Vater, Bruder, Onkel, Großvater, Cousin	Ja, ich habe einen … Er heißt …
Hast du mehrere …	Brüder, Onkel, Großväter, Cousins	Ja, ich habe … Sie heißen …
Hast du eine …	Mutter, Schwester, Tante, Großmutter, Kusine	Ja, ich habe eine … Sie heißt …
Hast du mehrere …	Schwestern, Tanten, Großmütter, Kusinen	Ja, ich habe … Sie heißen …

Bilde jetzt selber Sätze.
Schreibe sie in dein Heft.

Ich habe einen Vater. ➜ Er heißt __________.
Ich habe eine Mutter. ➜ Sie heißt __________.
Ich habe …

LERNWÖRTER:
der Vater, der Bruder, der Großvater, der Onkel, der Cousin,
die Mutter, die Schwester, die Großmutter, die Tante, die Kusine
haben ich, du … ➜ Seite 30

____

Mein Zuhause

→ Findefix Seite 265

Wohnst du in einem Haus oder in einer Wohnung?

Ich wohne ______________________________.

Welche Zimmer gibt es bei dir zu Hause?

Schlafzimmer • Küche • Bad • WC • Wohnzimmer • Kinderzimmer • Vorzimmer

Bei mir zu Hause gibt es ______________________________

____

Wo wohnst du?
Welche Zimmer gibt es bei dir zu Hause?

Ich wohne in ...
Bei mir zu Hause gibt es ...

Bilde jetzt selber Sätze.
Schreibe sie in dein Heft.

Die Lampe ist ... (im Wohnzimmer, im Vorzimmer, in der Küche, im Bad, im Kinderzimmer)

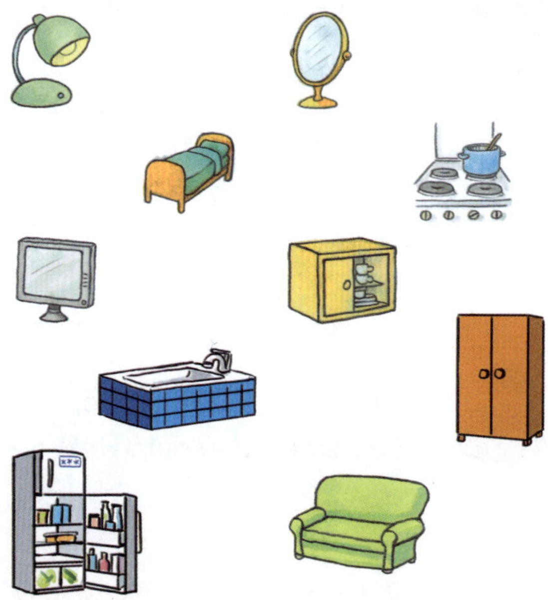

LERNWÖRTER:
die Küche, das WC, das Bad, das Vorzimmer,
das Schlafzimmer, das Wohnzimmer, das Kinderzimmer
geben ich, du ... → Seite 30

____

Mein Körper

➜ Findefix Seite 268

Benenne die Körperteile. Schreibe auch den Begleiter dazu.

Wo ist dein ... ?
Wo sind deine ... ?

Da ist mein ...
Da sind meine ...

Zeig mir dein ... !
Zeig mir deine ... !
Zeig mir deinen ...!

Bilde jetzt selber Sätze.
Schreibe sie in dein Heft.

Ich habe ein/eine/einen ...
Ich habe zwei ...
Ich habe zehn ...

LERNWÖRTER:

der Kopf, der Daumen, der Finger, der Ellenbogen, der Rücken, der Arm,
der Fuß, der Bauch,
die Schulter, die Hand, die Zehe, das Knie, das Bein
zeigen ich, du ... ➜ Seite 30

Mein Gesicht

➜ Findefix Seite 269

Ich habe blonde schwarze braune ____________ Haare.

Mein Gesicht ist rund schmal kantig ____________ .

Meine Nase ist lang kurz spitz ____________ .

Ich habe blaue grüne braune ____________ Augen.

Meine Ohren sind groß klein spitz ____________ .

Mein Hals ist lang kurz dick ____________ .

Ich habe einen breiten schmalen großen ____________ Mund.

Meine Lippen sind schmal dick dünn ____________ .

Ich habe weiße kräftige große ____________ Zähne.

Meine Zunge ist lang spitz breit ____________ .

Beschreibe dein Partnerkind:
Du hast (eine/einen) ...
Dein ... ist ...
Deine ... sind ...

deine Haare • dein Gesicht • deine Nase • deine Augen • deine Ohren • dein Hals • dein Mund • deine Lippen • deine Zähne • deine Zunge

Bilde jetzt selber Sätze.
Schreibe sie in dein Heft.

Mein Freund hat ...
Sein Gesicht ...
Seine Nase ...
Er hat ...
Seine Ohren ...
Sein Hals ...
Er hat ...
Seine Lippen ...
Seine Zunge ...

Meine Freundin hat ...
Ihr Gesicht ...
Ihre Nase ...
Sie hat ...
Ihre Ohren ...
Ihr Hals ...
Sie hat ...
Ihre Lippen ...
Ihre Zunge ....

LERNWÖRTER:
der Hals, der Mund, der Zahn, die Nase, die Lippe, die Zunge, das Gesicht, das Auge, das Ohr, das Haar

Meine Gefühle

1. Kennst du diese Gefühle?

 ____________________
 ____________________
 ____________________
 ____________________
 ____________________
 ____________________

glücklich • traurig • müde • ängstlich • wütend • zufrieden

2. Wie fühlst du dich?

Heute bin ich glücklich, weil ◯	◯ meine Mama nicht zu Hause ist.
Heute bin ich traurig, weil ◯	◯ ich Geburtstag habe.
Heute bin ich müde, weil ◯	◯ mich mein Freund geärgert hat.
Heute bin ich ängstlich, weil ◯	◯ mich meine Lehrerin gelobt hat.
Heute bin ich wütend, weil ◯	◯ meine Katze krank ist.
Heute bin ich zufrieden, weil ◯	◯ ich gestern so lange gelesen habe.

Wann bist du glücklich / traurig / müde / wütend / zufrieden / ängstlich ?

Ich bin glücklich / traurig / müde / wütend / zufrieden / ängstlich , wenn ...

Schreibe die Sätze von **2.** in dein Heft.

LERNWÖRTER:
glücklich, traurig, zufrieden, wütend, müde, ängstlich

Meine Gefühle

Wenn ich einen großen Hund sehe, bin ich ______________________________ .

Wenn meine Familie bei mir ist, bin ich ______________________________ .

Wenn ich mit meiner Freundin Ärger habe, bin ich ______________________________ .

Wenn ich allein im Dunkeln durch den Park gehe, bin ich ______________________________ .

Wenn ich ein schönes Geschenk bekomme, bin ich ______________________________ .

Wenn ich meine Hausübung erledigt habe, bin ich ______________________________ .

Wenn mich mein kleiner Bruder sekkiert, bin ich ______________________________ .

Wenn ich nicht ins Training gehen darf, bin ich ______________________________ .

Wenn ich am Abend lange aufbleibe, bin ich ______________________________ .

Wenn ich mit meiner Familie auf Urlaub fahre, bin ich ______________________________ .

Wie fühlst du dich, wenn ... ?

Wenn ich mit meiner Katze spiele, bin ich glücklich.

Bilde jetzt selber Sätze.
Schreibe sie in dein Heft.

Mein Vater ist glücklich.
★ *Mein Vater ist glücklich, wenn ...*

Ziehe mit Farbe nach und kennzeichne die schwierigen Stellen.

glücklich – traurig – müde –
ängstlich – zufrieden – wütend

Meine Kleidung

→ Findefix Seite 270

Schau mal, was ich heute anhabe!

Mein Sweatshirt ist blau.

Meine Hose ist rot.

Meine Schuhe sind braun.

Meine Kappe ist schwarz.

Mein Schal ist rot und blau gestreift.

Beschreibe deinen Freund oder deine Freundin.

sein Sweatshirt/ sein Pullover
seine Hose
sein T-Shirt
sein Hemd
seine Hausschuhe
seine Socken

ist

sind

ihr Sweatshirt/ihr Pullover
ihre Hose
ihr T-Shirt
ihre Bluse
ihr Kleid
ihr Rock
ihre Leggings
ihre Strumpfhose
ihre Socken
ihre Hausschuhe

Bilde jetzt selber Sätze.
Schreibe sie in dein Heft.

Mädchen: Ihr ... ist ... / Ihre ... sind ...
Bub: Sein ... ist ... / Seine ... sind ...

LERNWÖRTER:
der Mantel, der Schal, der Rock, der Schuh, der Socken, der Handschuh,
die Hose, die Kappe, das T-Shirt, das Sweatshirt

Meine Kleidung

➜ Findefix Seite 270

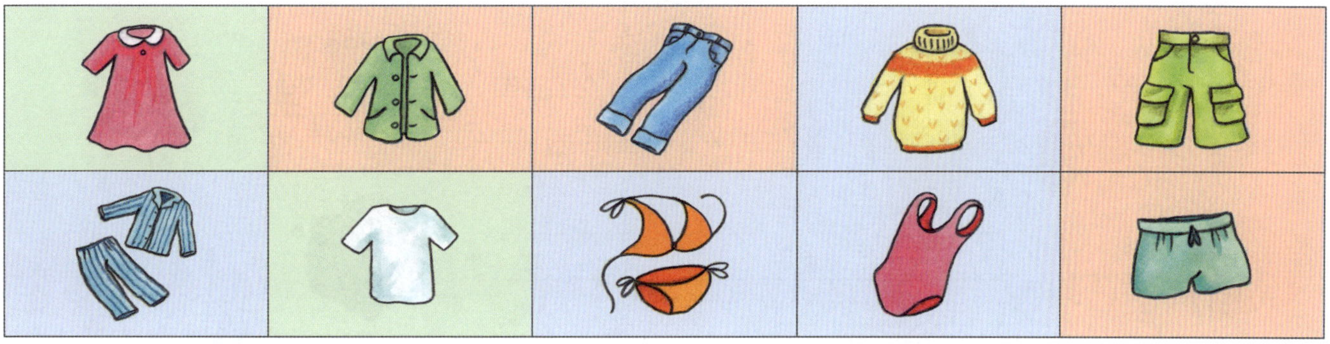

Zeig mir den Badeanzug! → Da ist der Badeanzug.
Gefällt er dir? → Ja, er gefällt mir.
→ Nein, er gefällt mir nicht.

Zeig mir die Jacke! → Da ist die Jacke.
Gefällt sie dir? → Ja, sie gefällt mir.
→ Nein, sie gefällt mir nicht.

Zeig mir das Kleid! → Da ist das Kleid.
Gefällt es dir? → Ja, das Kleid gefällt mir.
→ Nein, das Kleid gefällt mir nicht.

1. Bilde jetzt selber Sätze.
Schreibe sie in dein Heft.

Das Kleid gefällt mir/gefällt mir nicht.
Die Socken gefallen mir nicht.

2. Schreibe die Wörter mit dem Begleiter in dein Heft.

BADEHOSEBIKINISHORTSSOCKENHOSEKLEID
MANTELSCHALHANDSCHUHESTIEFELBADEANZUG
JEANSKAPPESCHUHESCHLAFANZUGROCK

LERNWÖRTER:
der Pullover, der Schlafanzug, der Bikini, der Badeanzug, der Stiefel,
die Jacke, die Jeans, die Badehose, die Shorts, das Kleid
gefallen ich, du ... ➜ Seite 30

Meine Lieblingsfarbe

➜ Findefix Seite 271

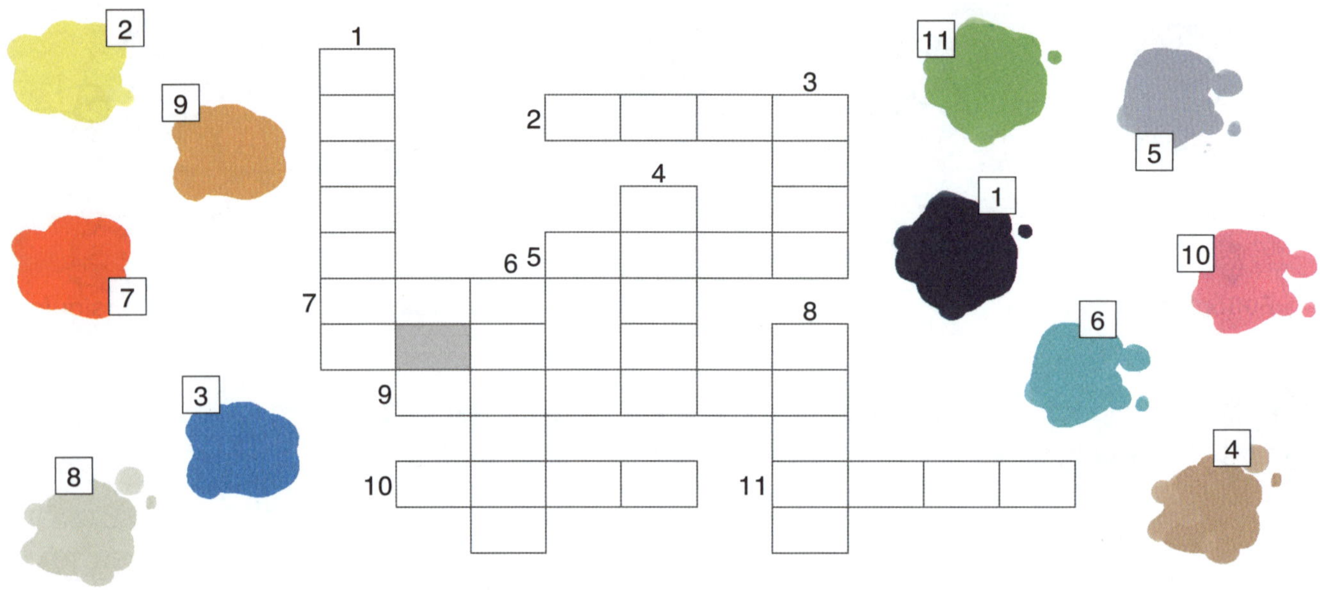

Welche Lieblingsfarbe hast du, Amir?

Meine Lieblingsfarbe ist .

Bilde jetzt selber Sätze.
Schreibe sie in dein Heft.

Ich wünsche mir (ein / eine / einen) ...

LERNWÖRTER:
rot, blau, grün, gelb, weiß, schwarz, lila, braun, pink, grau, orange, ocker, türkis, beige, bunt, hell..., dunkel..., gepunktet, gestreift, kariert
wünschen ich, du ... ➜ Seite 30

Mein bester Freund –
meine beste Freundin: Hobbys

→ Findefix Seite 278 / 279

Fußball spielen

Spielen

Lesen

Tanzen

Schwimmen

Radfahren

Reiten

Eislaufen

Steckbrief

Name:	Selim	Lieblingsgetränk:	Limonade
Alter:	8 Jahre	Lieblingstier:	Hund
Lieblingsspeise:	Pizza	Hobbys:	Fußball spielen

Wie heißt du?	Ich heiße ...
Wie alt bist du?	Ich bin ...
Was isst du gern?	Ich esse gern ...
Was trinkst du gern?	Ich trinke gern ...
Welches Tier magst du?	Ich mag ...
Was machst du gern?	Ich spiele gern ...
Hast du ein Hobby?	Mein Hobby ist ...

Beschreibe deinen besten Freund/deine beste Freundin.
Schreibe die Sätze in dein Heft.

Mein bester Freund heißt ...	Meine beste Freundin heißt ...
Er ist ... Jahre alt.	Sie ist ... Jahre alt.
Er isst gern ...	Sie isst gern ...
Er trinkt gern ...	Sie trinkt gern ...
Er mag ...	Sie mag ...
Er spielt gern ...	Sie spielt gern ...
Sein Hobby ist ...	Ihr Hobby ist ...

LERNWÖRTER:
mögen, essen, trinken, spielen ich, du ... → Seite 30

Mein bester Freund – meine beste Freundin: Hobbys

➜ Findefix Seite 278/279

Kochen

Malen

Freunde treffen

Shoppen

Computer-spiele

Fernsehen

Musik hören

Gitarre spielen

Ich koche gern.
Ich male gern.
Ich treffe gern Freunde.
Ich shoppe gern.
Ich mag Computerspiele.
Ich sehe gern fern.
Ich höre gern Musik.
Ich spiele gern Gitarre.

Ich spiele gern Fußball.
Ich spiele gern mit meinen Freunden.
Ich lese gern.
Ich tanze gern.
Ich schwimme gern.
Ich fahre gern Rad.
Ich reite gern.
Ich gehe gern eislaufen.

Was machst du in deiner Freizeit?

Ich ...

Bilde jetzt selber Sätze.
Schreibe sie in dein Heft.

Was macht ihr in eurer Freizeit?

In unserer Freizeit tanzen wir.
In unserer Freizeit gehen wir eislaufen.

LERNWÖRTER:
spielen, lesen, tanzen, schwimmen, reiten, eislaufen, kochen, malen, (Freunde) treffen, shoppen, fernsehen, hören ich, du ... ➜ Seite 30

Meine Schulsachen

➜ Findefix Seite 263

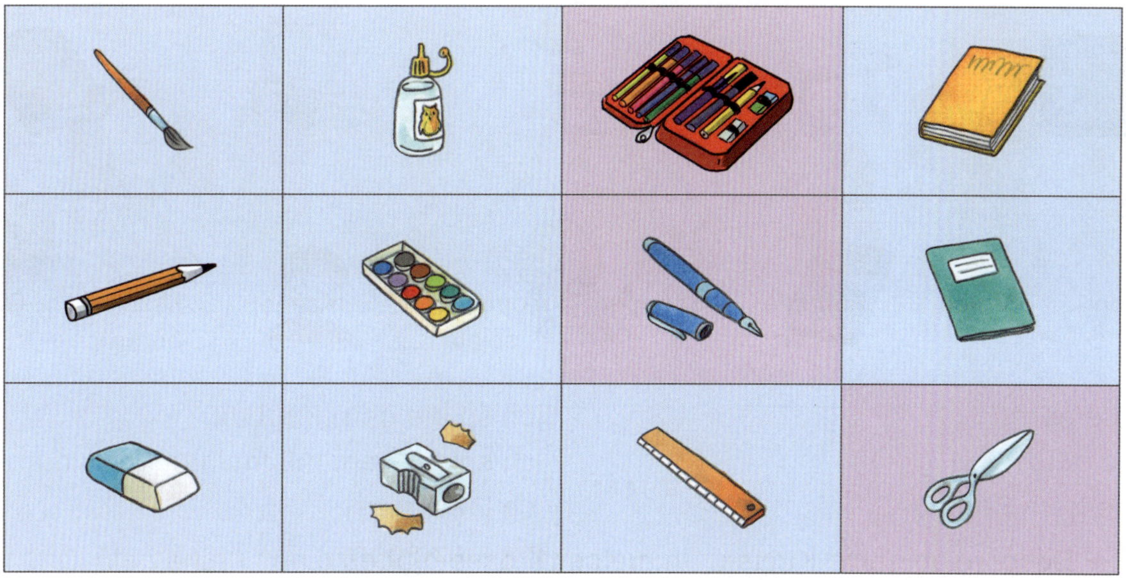

neben dem
zwischen dem
über dem
unter dem
links vom
rechts vom

neben der
zwischen der
über der
unter der
links von der
rechts von der

Wo liegt der Malkasten?

Der Malkasten liegt neben dem Bleistift.
Der Malkasten liegt zwischen der Füllfeder und dem Bleistift.
Der Malkasten liegt über dem Spitzer.
Der Malkasten liegt unter dem Kleber.
Der Malkasten liegt links von der Füllfeder.
Der Malkasten liegt rechts vom Bleistift.

Bilde jetzt selber Sätze.
Schreibe sie in dein Heft.

Die Füllfeder liegt ...

LERNWÖRTER:
der Pinsel, der Kleber, der Malkasten, der Radiergummi, der Spitzer, der Bleistift,
die Federschachtel, die Füllfeder, die Schere, das Buch, das Heft
liegen ich, du ... ➜ Seite 30

Meine Klasse

➜ Findefix Seite 263

Beschreibe deine Klasse: In meiner Klasse gibt es einen / eine / ein ...
In meiner Klasse gibt es viele ...

Bilde jetzt selber Sätze.
Schreibe sie in dein Heft.

auf dem Boden
auf dem Tisch
auf dem Sessel

Wo liegt das Heft? *Das Heft liegt auf dem Tisch.*

Wo liegt der Malkasten?
Wo steht der Tisch?
Wo steht die Schultasche?
Wo liegt der Bleistift?
Wo sitzt die Lehrerin?
Wo liegt die Federschachtel?
Wo steht der Computer?
Wo liegt die Schere?
...

LERNWÖRTER:
der Tisch, der Sessel, der Computer, der Schüler,
die Tafel, die Lehrerin, die Schultasche, das Buch, das Heft
stehen, sitzen ich, du ... ➜ Seite 30

Mein Stundenplan

D = Deutsch
M = Mathematik
SU = Sachunterricht
BE = Zeichnen
WE = Werken
ME = Musik
BSP = Turnen
E = Englisch

	Montag	Dienstag	Mittwoch	Donnerstag	Freitag
1.	M	M	M	D	D
2.	D	D	SU	SU	D
3.	ME	SU	WE	BSP	M
4.	D	D	WE	BSP	BSP
5.		BE		E	

Welches Fach hast du am Montag in der ersten Stunde?
Am Montag in der ersten Stunde haben wir Mathematik.
Welches Fach hast du am Dienstag in der zweiten Stunde?
Am ...
Welches Fach hast du am Donnerstag in der fünften Stunde?
Am ...
Welches Fach hast du am Mittwoch in der dritten Stunde?
Am ...
Welches Fach hast du am Freitag in der vierten Stunde?
Am ...

Bilde jetzt selber Sätze.
Schreibe sie in dein Heft.

Ich mag am liebsten Deutsch.

Plane deinen eigenen Lieblingsstundenplan.

	Montag	Dienstag	Mittwoch	Donnerstag	Freitag
1.					
2.					
3.					
4.					
5.					

➜ Findefix Seite 266/267

Schreibe die Tiernamen mit Begleiter auf:

Wer lebt im Stall / im Zoo / im Haus?

Wo lebt der Bär? Der Bär lebt im Zoo.
Wo lebt die Katze? Die Katze lebt im Haus.
Wo lebt das Schwein? Das Schwein lebt im Stall.

Beantworte die Fragen.
Schreibe in dein Heft.

Wer kann bellen? Der Hund kann bellen.

Wer kann wiehern?
Wer kann miauen?
Wer kann brüllen?
Wer kann blöken?
Wer kann fauchen?

Wer kann piepsen?
Wer kann muhen?
Wer kann grunzen?
Wer kann kreischen?

LERNWÖRTER:
der Hund, der Hamster, der Hase, der Löwe, der Elefant, der Affe, der Bär,
die Katze, die Kuh, die Maus,
das Schwein, das Huhn, das Krokodil, das Schaf, das Pferd
können, leben ich, du ... ➜ Seite 30

Tiere

→ Findefix Seite 266/267

Vergleiche die Tiere: Wer ist größer? Wer ist kleiner?

Wer ist größer? Der Bär oder die Schildkröte?
Der Bär ist größer als die Schildkröte.

Wer ist kleiner? Die Giraffe oder der Delfin?
Der Delfin ist kleiner als die Giraffe.

Schreibe die Sätze auch in dein Heft.

Beantworte die Fragen.
Schreibe in dein Heft.
(Verwende auch die Tiere von der vorigen Seite.)

Wer kann gehen? Die Giraffe kann gehen.
Die Giraffe geht langsam.

Wer kann schleichen?
Wer kann fliegen?
Wer kann hüpfen?
Wer kann kriechen?
Wer kann klettern?
Wer kann trippeln?

Wer kann watscheln?
Wer kann schwimmen?
Wer kann tauchen?
Wer kann hoppeln?
Wer kann trotten?
Wer kann laufen?

kriecht langsam • läuft schnell • hüpft hoch • watschelt gemütlich • taucht tief • fliegt hoch • klettert geschickt • trippelt flink • schleicht leise • schwimmt schnell • hoppelt flink • trottet gemütlich

LERNWÖRTER:
der Fuchs, der Eisbär, der Vogel, der Delfin, der Pinguin, der Tiger, der Fisch,
die Ente, die Spinne, die Schildkröte, die Giraffe, die Schlange, die Robbe,
das Känguru, das Kamel
gehen ich, du ... → Seite 30

Auf der Straße

→ Findefix Seite 280 / 281

Schreibe die Fahrzeuge mit Begleiter auf.

Wohin fährst du?
Ich fahre mit dem Auto zum Kino.

zum Park	zum Einkaufszentrum
zum Kino	zum Spielplatz
zur Kirche	zum Bahnhof
zum Krankenhaus	

zu meinem Freund / zu meiner Freundin

Schreibe die Sätze auch in dein Heft.

Was machst du im Sommer?
Bilde selber Sätze.
Schreibe sie in dein Heft.

Ich fahre auf Urlaub in die Türkei.
Ich fliege in den Ferien nach Spanien.

in die Türkei • nach Serbien • nach Kroatien • nach Bosnien • nach Albanien • nach Italien
nach Spanien • nach Deutschland • nach Griechenland • nach Amerika • nach England

Ich fliege mit meinen Eltern auf Urlaub nach Amerika.

mit meinem Freund, Onkel, Vater, Bruder, Opa, Cousin	mit meiner Freundin, Tante, Mutter, Schwester, Oma, Kusine

LERNWÖRTER:
der Bus, der Zug, der Krankenwagen, der Lastwagen,
das Fahrrad, das Motorrad, das Auto, das Taxi
fahren, fliegen ich, du ... → Seite 30

Auf der Straße

➜ Findefix Seite 280 / 281

Wo siehst du den Lastwagen?

Der Lastwagen steht hinter dem Spielplatz.

hinter dem Bahnhof / dem Spielplatz / dem Kino
hinter der Kirche

vor dem Bahnhof / dem Spielplatz / dem Kino
vor der Kirche

Bilde jetzt selber Sätze.
Schreibe sie in dein Heft.

Das Taxi steht vor dem Kino.

LERNWÖRTER:
der Bahnhof, der Spielplatz,
die Kirche, die Ampel, die Bushaltestelle, die Bank, das Kino
sehen ich, du ... ➜ Seite 30

Lebensmittel

➜ Findefix Seite 273

1. Was gehört zusammen?
Male in derselben Farbe an.

eine Ananas	ein Apfel	eine Banane	viele Zwetschken
eine Birne	eine Erdbeere	viele Birnen	eine Traube
viele Bananen	viele Ananas	viele Orangen	viele Äpfel
eine Orange	viele Trauben	eine Zwetschke	viele Erdbeeren

2. Kannst du die Wörter lesen?

NEBUARTIWIKNEREEBMIHSANANANEGNAROENRIBNENORTIZESSÜN
NEREEBLEHCATSLESIBIRNENOLEMNEREEBDRELEFPÄNEKHCSTEWZ

Wie viele Orangen kaufst du?
Ich kaufe fünf Orangen.

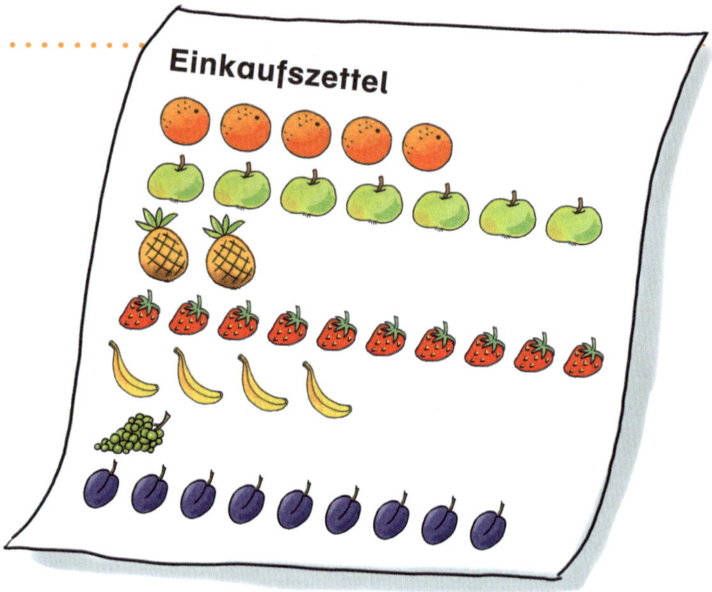

★ Kaufst du Äpfel?
Ja, ich kaufe sieben Äpfel.
Kaufst du auch Mandarinen?
Nein, ich kaufe keine Mandarinen.

Mandarinen • Melonen • Himbeeren •
Zitronen • Nüsse • Kiwi • Ribisel

Was nehmt ihr euch aus
der Obstschüssel?
Schreibe die Sätze in dein Heft.

Ich nehme mir eine Banane.
Du nimmst dir auch eine Banane.
Ali nimmt sich keine Banane.

★ *Die Kinder nehmen sich viele Bananen.*

LERNWÖRTER:
der Apfel,
die Ananas, die Birne, die Banane, die Erdbeere, die Orange, die Traube, die Zwetschke,
das Obst
kaufen, nehmen ich, du ... ➜ Seite 30

Lebensmittel

→ Findefix Seite 273

Unterstreiche im Rezept die Zutaten, die du brauchst.

Rezept Gemüsesuppe

Zuerst schneidest du zwei Kartoffeln und zwei Karotten klein.
Dann schneidest du eine Zwiebel klein und röstest sie in Öl an.
Anschließend gießt du mit einem halben Liter Wasser auf und lässt die Suppe 15 Minuten kochen.
Als nächstes würzt du sie mit Salz, Pfeffer und Suppengewürz.
Hinterher pürierst du die Suppe mit dem Mixstab.
Zum Schluss gibst du eine Hand voll Erbsen dazu und kochst die Suppe noch einmal kurz auf.
Vor dem Servieren kannst du noch zwei Löffel Schlagobers dazugeben.
Guten Appetit!

Was brauchst du für die Gemüsesuppe?
Für die Gemüsesuppe brauche ich eine Zwiebel.

EINEZWIEBELZWEIKARTOFFELZWEIKAROTTENEINENHALBENLITERWASSERSALZ
PFEFFERSUPPENGEWÜRZEINEHANDVOLLERBSENZWEILÖFFELSCHLAGOBERS

Was isst du gerne?
Schreib in dein Heft.

Ich esse gerne Gurken.
Ich esse nicht gerne Paprika.

Was essen und trinken die Kinder gerne?

Orkan: 

Sabine:  und 

Samira: 

Albin:  und 

Thomas: 

LERNWÖRTER:
der Paprika, der Salat,
die Erbsen, die Gurke, die Karotte, die Kartoffel, die Tomate, die Zwiebel
brauchen ich, du ... → Seite 30

Zeit – Tageszeiten

➜ Findefix Seite 277

Ordne die Tageszeiten der Reihe nach.

am Nachmittag

am Vormittag

in der Nacht

zu Mittag

in der Früh

am Abend

Würfelt und beantwortet die Frage: Was machst du in der Früh?
In der Früh putze ich meine Zähne.

In der Früh ...
- ⚀ ... putze ich meine Zähne.
- ⚁ ... stehe ich auf.
- ⚂ ... trinke ich meinen Kakao.
- ⚃ ... esse ich mein Frühstück.
- ⚄ ... ziehe ich mich an.
- ⚅ ... gehe ich zur Schule.

Am Nachmittag ...
- ⚀ ... spiele ich mit meinen Freunden.
- ⚁ ... gehe ich in den Turnverein.
- ⚂ ... spiele ich am Spielplatz.
- ⚃ ... gehe ich in den Park.
- ⚄ ... lerne ich ein Instrument.
- ⚅ ... treffe ich mich mit Freunden.

Am Vormittag ...
- ⚀ ... lerne ich in der Schule.
- ⚁ ... esse ich gemütlich meine Jause.
- ⚂ ... rede ich mit meinen Mitschülern.
- ⚃ ... lerne ich ein neues Lied.
- ⚄ ... rechne ich viele Aufgaben.
- ⚅ ... turne ich im Turnsaal.

Am Abend ...
- ⚀ ... ziehe ich meinen Schlafanzug an.
- ⚁ ... sehe ich ein bisschen fern.
- ⚂ ... lese ich ein tolles Buch.
- ⚃ ... spreche ich mit meiner Familie.
- ⚄ ... helfe ich im Haushalt.
- ⚅ ... besuche ich meine Verwandten.

Zu Mittag ...
- ⚀ ... esse ich mein Mittagessen.
- ⚁ ... raste ich mich aus.
- ⚂ ... erhole ich mich vom Schultag.
- ⚃ ... spiele ich ein lustiges Spiel.
- ⚄ ... helfe ich beim Tischdecken.
- ⚅ ... räume ich meine Sachen auf.

In der Nacht ...
- ⚀ ... schlafe ich tief und fest.
- ⚁ ... träume ich etwas Schönes.
- ⚂ ... wache ich manchmal auf.
- ⚃ ... decke ich mich fest zu.
- ⚄ ... fürchte ich mich manchmal.
- ⚅ ... bekomme ich manchmal Hunger.

Würfle und schreibe Sätze in dein Heft.

Zeit – Wochentage

➜ Findefix Seite 276

Was machst du am …?

Am Montag habe ich einen Termin beim Friseur.
Am Sonntag bin ich bei Oma eingeladen.

Termin beim Zahnarzt
Termin beim Hautarzt
Termin im Krankenhaus
Termin beim Friseur

Flötenstunde
Fußballtraining
Klavierstunde
Zeichenkurs

bei Oma eingeladen
Frau Music kommt
bei Semina eingeladen
bei Mustafa eingeladen

Bilde mit jedem Wochentag einen Satz. Schreibe die Sätze in dein Heft.

Am Montag gehe ich in die Eishalle.
Am Dienstag …

in den Supermarkt • in die Eishalle • in den Zirkus • in den Hof • in den Hort • in den Eissalon • in das Gasthaus • in den Zoo • in den Tierpark • in die Reithalle • in die Musikschule • in das Einkaufszentrum • in die Ausstellung • in das Museum

☆ Am Montag gehe ich mit meiner Freundin in die Eishalle.

mit meiner Freundin
mit meiner Cousine
mit meiner Mutter

mit meiner Tante
mit meiner Schwester
mit meiner Lehrerin

mit meinem Bruder
mit meinem Cousin
mit meinem Opa

mit meinem Vater
mit meinem Freund
mit meinem Onkel

LERNWÖRTER:

der Montag, der Dienstag, der Mittwoch, der Donnerstag, der Freitag, der Samstag, der Sonntag, der Wochentag

machen ich, du … ➜ Seite 30

Zeit – Jahreszeiten

➜ Findefix Seite 275

1. Schreibe die Jahreszeiten mit Begeiter auf:

4

3

1

2

2. Welcher Satz passt zu welcher Jahreszeit? Ergänze die Nummer von 1.!

- ◯ Die Sonne scheint und es ist heiß.
- Bunte Blätter wirbeln durch die Luft. ◯
- ◯ Auf der Wiese blühen die ersten Blumen.
- Dicke Schneeflocken fallen vom Himmel. ◯
- ◯ Draußen weht ein kräftiger Wind.
- Der Schnee schmilzt und die Luft wird wieder wärmer. ◯
- ◯ Die Obstbäume blühen rosa und weiß.
- Wir gehen zum Schwimmen ins Freibad. ◯
- ◯ Die Vögel zwitschern in den Bäumen.
- Die Äste der Bäume sind kahl. ◯
- ◯ Wir haben lange Ferien und gehen oft baden.
- Die Vögel fliegen in den Süden. ◯

Lernt gemeinsam das Jahreszeitengedicht!

Es war eine Mutter,
die hatte vier Kinder.
Den Frühling, den Sommer,
den Herbst und den Winter.

Der Frühling bringt Blumen,
der Sommer bringt Klee.
Der Herbst der bringt Trauben,
Der Winter bringt Schnee.

Bilde jetzt selber Sätze.
Schreibe sie in dein Heft.

Im Sommer scheint die Sonne und es ist heiß.

LERNWÖRTER:
der Frühling, der Sommer, der Herbst, der Winter

Zeit – Monatsnamen

Findest du die 12 Monate?

K	M	M	A	I	W	N	Ü	A	S
J	Ä	N	N	E	R	J	U	P	E
J	R	F	E	B	R	U	A	R	P
U	Z	H	M	X	Y	N	O	I	T
L	W	G	S	Y	G	I	T	L	E
I	A	U	G	U	S	T	X	P	M
D	E	Z	M	B	E	R	M	L	B
U	O	K	T	O	B	E	R	I	E
N	O	V	E	M	B	E	R	Z	R

Schreibt die Monatsnamen in der richtigen Reihenfolge auf die Zeilen.

Im ____________________ liegt oft viel Schnee.

Im ____________________ feiern wir Fasching.

Im ____________________ wachsen die ersten Blumen.

Im ____________________ regnet es viel.

Im ____________________ blühen die Apfelbäume.

Im ____________________ scheint die Sonne warm.

Im ____________________ sind die Kirschen reif.

Im ____________________ fahren wir auf Urlaub.

Im ____________________ sind die Äpfel reif.

Im ____________________ weht manchmal ein kräftiger Wind.

Im ____________________ ist es oft sehr nebelig.

Im ____________________ feiern wir Weihnachten.

Wann liegt viel Schnee?
Wann blühen die Apfelbäume?
Wann sind die Kirschen reif?
Wann weht ein kräftiger Wind?
Wann scheint die Sonne warm?
Wann ist es sehr nebelig?

Wann feiern wir Fasching?
Wann regnet es viel?
Wann fahren wir auf Urlaub?
Wann feiern wir Weihnachten?
Wann wachsen die ersten Blumen?
Wann sind die Äpfel reif?

Bilde lange Sätze.
Schreib sie in dein Heft.

Ich weiß, dass im Jänner viel Schnee liegt.

LERNWÖRTER:
der Jänner, der Februar, der März, der April, der Juni, der Juli, der August, der September, der Oktober, der November, der Dezember

Wetter

Schreibe die Wörter mit Begleiter auf!

Was passiert, wenn es regnet?
Was passiert, wenn es schneit?
Was passiert, wenn es sonnig ist?
Was passiert, wenn es windig ist?
Was passiert, wenn es nebelig ist?

Wenn es regnet,
- räume ich mein Zimmer auf.
- spanne ich meinen Regenschirm auf.
- hüpfe ich über Regenlacken.
- werde ich nass.

Wenn es schneit,
- baue ich einen Schneemann.
- gehe ich Skifahren.
- fallen Schneeflocken vom Himmel.
- werfe ich mit Schneebällen.

Wenn es windig ist,
- trocknet die Wäsche schnell.
- wirbeln die Blätter durch die Luft.
- muss ich meine Kappe festhalten.
- bleibe ich zu Hause.

Wenn es nebelig ist,
- passe ich beim Heimgehen besonders auf.
- mag meine Mama nicht mit dem Auto fahren.
- kann man nicht viel sehen.
- mag ich nicht spazieren gehen.

Wenn die Sonne scheint,
- spiele ich im Garten.
- gehe ich auf den Spielplatz.
- ist es oft sehr heiß.
- fahre ich mit dem Rad ins Schwimmbad.

Wähle oben aus und schreibe Sätze in dein Heft.

Wenn es regnet, werde ich nass.

Was gehört zusammen? trocken kalt dunkel dünn klein weich

heiß und ____________ hell und ____________
nass und ____________ groß und ____________
dick und ____________ hart und ____________

LERNWÖRTER:
der Nebel, der Wind, der Regen, der Schnee, die Sonne
passieren ich, du ... ➜ Seite 30

Feste

Welches Fest kennst du? Kreuze an!

Alamy/Dinodia Photos

Diwali ☐

Nikolaus ☐

Ostern ☐

Neujahrsfest ☐

Taufe ☐

imago/Xinhua

Şeker Bayramı (Zuckerfest) ☐

Kurban Bayramı (Opferfest) ☐

Bildagentur Waldhäusl/A. Bernhard/Arco Images

Weihnachten ☐

Schulschlussfest ☐

Namenstag ☐

Erstkommunion ☐

Alamy/Myimagefiles

Vesakh ☐

Muttertag ☐

Vatertag ☐

Geburtstagsfeier ☐

Corbis/Stephane Lehr

Chanukka ☐

1. Welches Fest feierst du mit deiner Familie?

Hast du schon einmal … gefeiert? → Ja, ich habe schon einmal … gefeiert.
→ Nein, ich habe noch nie … gefeiert.

2. Wer feiert wann Geburtstag?

Wann feierst du deinen Geburtstag?
Ich feiere meinen Geburtstag am …
Wann feiert deine Mama ihren Geburtstag?
Meine Mama feiert ihren Geburtstag am …

mein/dein Vater , Bruder, Opa, Onkel – seinen Geburtstag

meine/deine Schwester, Oma, Tante – ihren Geburtstag

Bilde jetzt selber Sätze.
Schreibe sie in dein Heft.

Hakan wünscht sich zum Geburtstag eine Gitarre.

Hakan – eine Gitarre
Selina – ein Computerspiel
Mehmet – ein Fahrrad
mein Vater – …
mein Bruder – …

Lisa – einen Schminkkoffer
Lukas – einen Fußball
Fatima – eine Puppe
meine Mutter – …
meine Schwester – …

Zeitwörter

Nennform (= 1. und 3. Person Mehrzahl)	1. Person Einzahl	2. Person Einzahl	3. Person Einzahl
brauchen	ich brauch**e**	du brauch**st**	er/sie/es brauch**t**
eislaufen	ich lauf**e** eis	du läuf**st** eis	er/sie/es läuf**t** eis
essen	ich ess**e**	du iss**t**	er/sie/es iss**t**
fahren	ich fahr**e**	du fähr**st**	er/sie/es fähr**t**
fernsehen	ich seh**e** fern	du sieh**st** fern	er/sie/es sieh**t** fern
fliegen	ich flieg**e**	du flieg**st**	er/sie/es flieg**t**
geben	ich geb**e**	du gib**st**	er/sie/es gib**t**
gefallen	ich gefall**e**	du gefäll**st**	er/sie/es gefäll**t**
gehen	ich geh**e**	du geh**st**	er/sie/es geh**t**
haben	ich hab**e**	du ha**st**	er/sie/es ha**t**
heißen	ich heiß**e**	du hei**ßt**	er/sie/es heiß**t**
hören	ich hör**e**	du hör**st**	er/sie/es hör**t**
kaufen	ich kauf**e**	du kauf**st**	er/sie/es kauf**t**
kochen	ich koch**e**	du koch**st**	er/sie/es koch**t**
können	ich kann	du kann**st**	er/sie/es kann
leben	ich leb**e**	du leb**st**	er/sie/es leb**t**
lesen	ich les**e**	du lies**t**	er/sie/es lies**t**
liegen	ich lieg**e**	du lieg**st**	er/sie/es lieg**t**
machen	ich mach**e**	du mach**st**	er/sie/es mach**t**
malen	ich mal**e**	du mal**st**	er/sie/es mal**t**
mögen	ich mag	du mag**st**	er/sie/es mag
nehmen	ich nehm**e**	du nimm**st**	er/sie/es nimm**t**
passieren	--	--	es passier**t**
reiten	ich reit**e**	du reit**est**	er/sie/es reit**et**
schwimmen	ich schwimm**e**	du schwimm**st**	er/sie/es schwimm**t**
sehen	ich seh**e**	du sieh**st**	er/sie/es sieh**t**
shoppen	ich shopp**e**	du shopp**st**	er/sie/es shopp**t**
sitzen	ich sitz**e**	du sit**zt**	er/sie/es sitz**t**
spielen	ich spiel**e**	du spiel**st**	er/sie/es spiel**t**
stehen	ich steh**e**	du steh**st**	er/sie/es steh**t**
tanzen	ich tanz**e**	du tan**zt**	er/sie/es tanz**t**
treffen	ich treff**e**	du triff**st**	er/sie/es triff**t**
trinken	ich trink**e**	du trink**st**	er/sie/es trink**t**
wohnen	ich wohn**e**	du wohn**st**	er/sie/es wohn**t**
wünschen	ich wünsch**e**	du wünsch**st**	er/sie/es wünsch**t**
zeigen	ich zeig**e**	du zeig**st**	er/sie/es zeig**t**

sein:	ich bin	wir sind
	du bist	ihr seid
	er/sie/es ist	sie sind

Lernwörter

1. Überprüfen

Welche Wörter kannst du so schreiben, wie du sie sprichst?
Ziehe sie mit Bleistift nach.

2. Markieren

Welche Wörter haben schwierige Stellen?
Kennzeichne sie mit Farbe.

3. Auswählen

Welche Wörter musst du dir besonders gut merken?
Schreibe sie in die Wortschatzkiste auf Seite 34.

Tipp: Sprich dir die Wörter langsam und deutlich vor. Achte dabei auf die Silben.

der Vorname, der Nachname, der Geburtstag, der Ort,
die Adresse, die Telefonnummer, die Straße
heißen, wohnen

der Vater, der Bruder, der Großvater, der Onkel, der Cousin,
die Mutter, die Schwester, die Großmutter, die Tante, die Kusine
haben

die Küche, das WC, das Schlafzimmer, das Wohnzimmer,
das Kinderzimmer, das Bad, das Vorzimmer
geben

der Kopf, der Daumen, der Finger, der Ellenbogen, der Rücken,
der Arm, der Fuß, der Bauch,
die Schulter, die Hand, die Zehe, das Knie, das Bein
zeigen

der Hals, der Mund, der Zahn,
die Nase, die Lippe, die Zunge,
das Gesicht, das Haar, das Auge, das Ohr

glücklich, traurig, zufrieden, wütend, müde, ängstlich

der Mantel, der Schal, der Rock, der Schuh, der Socken,
der Handschuh, die Hose, die Kappe, das T-Shirt, das Sweatshirt

der Pullover, der Schlafanzug, der Bikini, der Badeanzug,
der Stiefel, die Jacke, die Jeans, die Badehose, die Shorts,
das Kleid
gefallen

rot, blau, grün, gelb, weiß, schwarz, lila, braun, pink, grau,
orange, ocker, türkis, beige, hell-..., dunkel-...,
bunt, gepunktet, gestreift, kariert
wünschen

mögen, essen, trinken, spielen

spielen, lesen, tanzen, schwimmen, reiten, eislaufen, kochen,
malen, treffen, shoppen, fernsehen,

der Pinsel, der Kleber, der Malkasten, der Bleistift, der Spitzer,
die Federschachtel, die Füllfeder, die Schere,
das Buch, das Heft
liegen

der Tisch, der Sessel, der Computer, der Schüler,
die Tafel, die Lehrerin, die Schultasche, das Buch, das Heft
stehen, sitzen

der Hund, der Hamster, der Hase, der Löwe, der Elefant, der Affe,
der Bär, die Katze, die Kuh, die Maus,
das Schwein, das Huhn, das Krokodil, das Schaf, das Pferd
können, leben

der Fuchs, der Eisbär, der Vogel, der Delfin, der Pinguin, der Tiger, der Fisch, die Ente, die Spinne, die Schildkröte, die Giraffe, die Schlange, die Robbe, das Känguru, das Kamel
gehen

der Bus, der Zug, der Krankenwagen, der Lastwagen, das Fahrrad, das Motorrad, das Auto, das Taxi
fahren, fliegen

der Bahnhof, der Spielplatz, die Kirche, die Ampel, die Bushaltestelle, die Bank, das Kino
sehen

der Apfel, die Ananas, die Birne, die Banane, die Erdbeere, die Orange, die Traube, die Zwetschke, das Obst
kaufen, nehmen

der Paprika, der Salat, die Erbsen, die Gurke, die Karotte, die Kartoffel, die Tomate, die Zwiebel
brauchen

der Montag, der Dienstag, der Mittwoch, der Donnerstag, der Freitag, der Samstag, der Sonntag, der Wochentag
machen

der Frühling, der Sommer, der Herbst, der Winter

der Jänner, der Februar, der März, der April, der Juni, der Juli, der August, der September, der Oktober, der November, der Dezember

der Nebel, der Wind, der Regen, der Schnee, die Sonne

WORTSCHATZKISTE

Schreibe nur die Wörter in die Wortschatzkiste, die für dich besonders schwierig sind.

Tipp: Damit du die Wörter üben kannst, schreibst du sie auf Karteikarten und legst damit eine Lernwortkartei an.